LE MÉMORIAL DE LULWORTH

ET D'HOLYROOD,

OU

OCCUPATIONS, PROJETS, CORRESPONDANCES ET TENTATIVES

DE CHARLES X

DANS SON EXIL;

D'après le *Dorset Country Chronicle*, l'*Hampshire Télégraph*, divers journaux et lettres venues des résidences de l'ex-roi.

Ouvrage faisant suite aux MÉMOIRES LIBERTINS ET DÉVOTS SUR CHARLES X.

PAR M. SCIPION MARIN.

PRIX : 1 FR. 50 C.

PARIS,

CHEZ L'AUTEUR, PASSAGE DU SAUMON, MAISON N° 20.

ET CHEZ TOUS LES MARCHANDS DE NOUVEAUTÉS.

1830.

[illegible] de la Tabletterie, n. 9.

SOMMAIRE.

Arrivée de Charles X en Angleterre. — Ses ambassades aux souverains de l'Europe. — Refus de Wellington. — Désespoir de la famille royale. — Portraits du roi, du dauphin, de la dauphine, de la duchesse de Berry, etc., d'après les journaux anglais. — Conciliabule d'émigrés à la taverne d'Heffleton. — Description de Lulworth. — Budget actuel de Charles X. — Le cardinal de Latil grand causeur après boire. — Joies de la cour de Lulworth à la nouvelle des émeutes des ouvriers de Paris. — Colère de Charles X contre M. Mangin. — Comment on pouvait rajuster les affaires au 29 juillet. — Plan de M. de Latil en faveur du pleuple contre les industriels. — Lettre arrivée de Paris et crue de M. de Talleyrand. — Désappointement des hommes de lettres qui vivent d'opposition. — Déchéance des journaux. — Mot de Béranger. — M. Villemain à zéro. — Agonie politique des 221. — Servilité de M. Scribe. — Fanatisme de M. Victor-Hugo. — M. Delatouche. — Fin de la lettre de Paris. On veut confier l'éducation du duc de Bordeaux à M. de Châteaubriant. — Députation. — Opinion de Charles X sur M. de Talleyrand, sur M. Dupin. — Ennuis de la duchesse de Berry. — Ses discussions avec Charles X. — Echange de mots piquans. — Voyages de la duchesse dans le nord de l'Angleterre. — Correspondance de l'ex-roi avec Bourmont. — Régence carliste à Paris. — Départ de la famille royale pour Holyrood. — Post-face.

MÉMORIAL

DE LULWORTH.

RIEN ne désappointe un homme dans ses habitudes comme un coup d'état et ce qui s'en suit! Cela vous nivelle.... Je parle surtout de ce qui s'en suit, cela vous nivelle les disproportions sociales. Tel qui, parce que son lignage remontait (sauf les faiblesses féminines s'entend) à Hugues-Capet, se faisant prier à deux genoux refusait un asile aux conventionnels, que sais-je, aux cendres de David, est aujourd'hui à demander un logis à Wellington. *sic transit gloria mundi.*

A peine l'ancre jetée dans les grèves de la Grande-Bretagne, Charles X songea à s'adresser aux souverains, ses bons cousins, avec prière de lui expédier au reçu de la présente sept ou huit cent mille hommes avec la baïonnette au bout du fusil,

Pour cela faire le voilà dardant ses regards sur

toute sa suite, qu'en style de donjon la Quotidienne appelle sa fidèle noblesse, et qu'au XIXe siècle c'est assez de nommer sa gentilhommerie. Il fit son triage, mit à part le duc de Luxembourg, le marquis de Choiseul, le baron de Crossart, le comte de Larochejaquelin, le duc de Raguse, le général Kaitzinger et leur dit : vous, vous serez mes ambassadeurs, mes plénipotentiaires auprès de Guillaume IV, de François d'Autriche, de Nicolas de Russie.

En attendant l'ex-Roi demeura dans son navire ; le duc d'Angoulême descendit à Newport, dans l'île de Wight, en chapeau gris et en habit bourgeois, avec la duchesse de Berry et la Dauphine.

Voici ce que dit de l'ambassade envoyée à Londres le *Dorset country chronicle* :

« L'ambassade n'a pas tardé à revenir sans le plein et entier succès que l'on attendait ; aussi a-t-on pesté contre lord Wellington, lord Aberdeen en chœur avec nos aristocrates, le comte d'Uxbridge, lord Anglesea, lord et lady Grantham, et autres prosélytes du dogme du bon plaisir, accourus visiter la famille royale. »

« Le baron de Crossart est d'une humeur de diable. Ce n'est point là, ne cesse-t-il de répéter, ce que l'on nous avait promis. Trahison!

trahison ! Il n'y a plus de parole d'honneur parmi les gens comme il faut; pairs, lords, tout cela s'empoisonne de libéralisme. »

Le but de ces ambassades, il le paraît, était d'attirer l'attention du cabinet de Saint-James sur les futurs résultats de la révolution vis-à-vis de l'Angleterre, et en même temps de demander une permission de séjour. Il y eut une conférence d'une heure à Downing-Street. Lord Wellington se trouva tout confus de l'enthousiasme du peuple anglais, de sa sympathie pour les insurgés de Paris; il donna des raisons évasives sur l'article de l'intervention; il en chercha d'autres plus évasives encore, interpelé sur les assurances par lui données lorsqu'on l'avait sondé sur les projets de coups d'état. Le duc de Luxembourg s'était coléré. Sa Grace, toujours dans sa stupéfaction, toujours à la recherche des biais, avait pris un *mezzo termine*, accordé une demande et refusé l'autre. Il répondait à Charles X : *que le Ciel vous assiste*, mais il lui octroyait la permission de résidence, lui faisant savoir cette dernière concession par voie télégraphique.

Le gouverneur sir Collin Campbell, de Porsmouth, s'était rendu sur le *Great-Britain*. « Sire, lui avait-il dit :

« —Ce titre ne m'appartient plus. (*Se tournant vers le duc de Bordeaux*) Voici le Roi de France.

« —Les ministres de sa Majesté Britannique accueillent, avec empressement, votre infortune, mais quant à l'intervention.....

« —Que les temps sont changés! n'êtes vous plus cette même Angleterre qui avait appelé, du fond du Canada, une armée de quatre vings mille hommes, pour restaurer, une seconde fois, la légitimité en France?

« —C'était pour s'assurer de rechef de Napoléon, prêt à refaire remue-ménage complet des couronnes d'Europe.

« —Mais qu'était-ce que l'empereur? que de l'eau rose à côté de l'esprit révolutionnaire. l'esprit révolutionnaire! Avec lui plus de repos, de salut pour les rois, les nobles, les prêtres; Napoléon ne guillotinait pas ces rois; il aimait assez à s'en faire une cour aux Tuileries; cela le contentait; il tolérait les prêtres pourvu qu'ils le louassent en chaire, et l'appelassent l'envoyé de la providence dans leurs mandemens. Quant aux nobles, il avait un faible pour eux. Rien de tout cela avec la révolution.

« —La lettre de la constitution anglaise est malheureusement formelle.

« En 1815?

« —Les circonstances permettaient, voulaient qu'on passât un peu à côté du sens précis de la constitution pour ériger une sainte alliance. Les mêmes besoins n'existent plus. Il n'y a plus de Bonaparte, et nous avons en sa Majesté Britannique un roi franchement libéral, puisqu'il faut tout vous dire. »

Mauvaise journée que celle-là pour Charles X! Car n'oublions pas que c'était comme simple particulier que Guillaume IV l'hébergeait; d'abord Charles X s'y était refusé, assurant que cette restriction avait quelque chose de dégradant pour lui. »

Ensuite il avait prêté l'oreille aux condoléances de lord Paget. Lord Uxbridge lui faisait de la philosophie pastorale, en lui montrant un bonheur buccolique dans les riantes vallées du Devonshire, où l'on chasse le renard, l'on tire la perdrix, l'on mange du pudding, du roast-beef, l'on fait des paris aux courses de chevaux et autres douceurs de la vie de campagne, dont Théocrite et Virgile n'ont cependant rien dit.

On était en face de l'île de Wight. L'île de Wight se dessinait par un soleil couchant; les derniers rayons se glissaient d'une manière toute romantique entre les crêtes des côteaux;

on l'eût dit toute aërienne, surtout avec ses flots de végétation qui tapissaient ses contours, et s'épandaient sur ses montagnes en manteau d'érables, de pins, de tilleuls, de bouleaux. Charles X avait quelque envie de se réfugier là comme une feuille détachée de sa tige. La duchesse de Berry y avait fait une excursion, et ne cessait de s'en montrer contente.

Lady Grantham parla au roi du château de Norris, résidence de feu lord Seymour. Mais celui de sir James Weld n'eut la préférence que quand le lendemain on fut descendu à Cowes.

Voici pourquoi : Sir James Weld est d'une ancienne famille catholique, vrai pur froment au milieu de l'ivraie anglicane. Monseigneur le cardinal de Latil fut jadis le Pylade de Sir Weld ; au surplus, le roi n'apprit pas avec indifférence, de son confesseur, que ce digne chrétien n'avait nullement balancé, durant la révolution, la grande révolution, à accorder son château aux moines de l'ordre de la trappe. Dès ce moment ce château parut une maison de Dieu, un tabernacle de la foi. Charles X n'hésita pas à se prononcer pour Lulworth. »

Nous allons résumer tout ce qui, dans les journaux des comtés méridionaux et de Londres, se rattache à la famille royale.

Ne voit pas Charles X qui veut. Peu et très-peu souvent il s'humanise jusqu'à descendre pédestrement dans le village de Lulworth; le cas échéant, une redingote bleue, des bottes à revers et un vieux chapeau rond, font un bon et modeste gentlman de cet ex-roi de France. Quant à son fils qu'il arrive aux curieux de prendre souvent pour Charles X, tant il est cassé, ridé, amaigri, il est moins rare de le voir franchir les limites du parc de sir James Weld. Il se passe par fois fantaisie de venir jusqu'à l'hôtel d'Heffleton, loué pour les notabilités de cette nouvelle émigration : là se trouve le comte de Polignac, ancien gouverneur du château de Fontainebleau, là se trouvent le comte de Lévis et autres, mais particulièrement les enfans du prince de Polignac qui doivent partir pour rejoindre, à Londres, leur tante madame Macdonald.

Vive, agissante, souvent larmoyante, presque toujours inquiète, la duchesse de Berry cherche à s'étourdir de ses soucis dans les turbulences des excursions : voyages à Birmingham, voyage au château de Wardour, voyage à Warcham, il n'est pas de curiosités qu'elle ne visite; les courses de chevaux du Dorsetshire, les joutes sur l'eau de Cowes n'en ont pas été privées. Il est vrai que notre aristocratie, lord Arundel, lord Nugent, sir Grant, le marquis d'Anglesea, le duc de Norfolk, ne laissent échaper aucune occasion de lui rendre agréable leur hospitalité.

La Dauphine quitte moins souvent son livre d'*heures*. Point ou peu de distractions. Pleine de chagrins concentrés, les yeux rouges, l'âme affaissée, les cils tristement baissés, c'est peine que de la voir; mais il suffit d'un peu approfondir cette douleur; c'est bientôt de la colère et de la violente colère. obligée de se résoudre en larmes faute de mieux.

Mademoiselle, pâle mais vive, fluette, sémillante, sera à coup sûr une bien jolie princesse vers son seizième printemps. A présent ce n'est encore qu'un demi-sentiment. Pour sa situation, une déchéance de dynastie n'est encore pour elle qu'un sujet de chagrins par ricochet; elle pleure des pleurs de sa tante, des pleurs de madame de Bouillé, de madame de Charette. Le duc de Bordeaux a la physionomie assez immobile. Pâle aussi lui, les yeux à fleur de tête, on ne peut pas dire qu'il y ait quelque chose de dur dans une fignre aussi enfantine; mais on n'y trouve pas toutes les grâces d'un enfant de dix ans. Il y a quelques gens prôneurs de la physiognomonie de Lawater, qui pronostiquent en lui un de ces forts caractères, si fatals au monde quand ils se trouvent sur le trône, par leurs remuemens, leur opiniâtreté, l'étendue de leurs desseins. Est-ce de l'énergie en germe? Est-ce impassibilité? Je ne sais, mais cette âme fera explosion sous le coup des dix-huit ans.

On serait bien aise, en France, de connaître la résidence de l'ex-roi. Comme cet extrait doit passer la Manche, je dois en bon voisin, autant que possible, chercher à satisfaire cette envie; d'ailleurs ceci dépassât-il les frontières de la France même, ce qui est assuré si ma relation tombe dans quelque journal de Paris, il n'y aurait pas de mal, vu qu'au train dont vont les insurrections sur le continent, Ferdinand VII, don Miguel, Guillaume de Hollande, peuvent y venir tenir compagnie à Charles X et au duc de Brunswick. Donnons à tous ces gens-là un apperçu topographique et même historique de Lulworth.

Le village de Lulworth est situé sur la côte du Dorsetshire, à quelques milles sud-ouest de la ville de Warcham.

Sans les géologues que visitent le site intéressant et romantique de la contrée, l'arrivée d'un étranger serait un événement pour les habitans. Le château est d'une architecture imposante et régulière; ses tourelles dominent les bois et les *cottages* qui l'avoisinent. Le pittoresque de ses alentours lui a souvent valu de royales visites. Jacques Ier, Charles II, Georges III ont, à diverses époques, séjourné dans ce manoir, faisant retentir ses sites des longs aboiemens de leurs lévriers.

En 1615, Jacques Ier allant chasser dans l'île de Purbeck, s'y arrêta avec sa vénerie. Un rimeur, le même, je crois, qui répondit par la suite à Cromwell qui lui reprochait d'avoir fait de meilleurs vers pour Jacques Ier que pour lui : « Nous autres poètes, nous réussissons mieux en fiction qu'en réalité » ; ce rimeur, dis-je, dans une ballade très-ignorée, parle aussi de Lulworth :

« Les sylphes cachés dans les bosquets se réjouissent au seul aspect du monarque, ils agitent leurs ailes diaprées d'or et de cramoisi, et battant ainsi les airs, font éclore des milliers de zéphirs sous la feuillée.

« Les ondes cérulées se rident ; le cigne déploie ses ailes et court à sa compagne ; ils enlaçent leur cols : c'est le repos de l'amour et de la tendresse. Lady Bermingham soupire et regarde son royal amant.

« Jacques songe à faire ses battues : Cypris

est oubliée pour Diane. A cheval, Milady! à cheval!

« Le ciel se rassérène que c'est plaisir. Lulworth semble habillé de verdure; et, assis sur son village, on dirait la tête d'un géant sur les épaules d'un enfant. »

Que le ciel fasse paix à ce ménestrel suivant la cour; mais si nous exhumons ses vers, c'est que la révolution de 1830 leur a donné quelque intérêt. On sera bien aise, par delà la Manche, de savoir qu'au sortir des chasses de Saint-Germain et de Fontainebleau, Charles X se délecte en bon pays de chasse, et qu'il s'y gaudit avec toute la dignité qui convient à un monarque. Il ne lui manque pas même le ménestrel: M. le baron de Damas est là pour le récréer; on sait que M. le baron est fort sur l'article poésie, témoin le compliment très-enfantin qu'il fit pour le duc de Bordeaux, lors de l'arrivée du roi de Naples.

Cela ne doit pas nous détourner de l'historique du féodal manoir. On saura donc que pendant les guerres civiles, et sous la république anglaise, il fut dévasté comme le furent la plupart de ces édifices. Le capitaine Hughes, à la tête d'une compagnie des troupes du parlement, s'y caserna pour un hiver: on y fit bombance, on y but toute l'ale du cellier, et même le vin de réserve. De la chapelle il n'en fit ni plus ni moins qu'une écurie ; et ce qui plus est, vers la fin de l'hiver, se trouvant sans un schelling, il démantela le château, fit de l'argent avec le fer, le plomb, et nommément avec la boiserie aux sculptures archi-féodales. Il aurait vendu jusqu'aux pierres s'il en avait eu le temps. On se rappela longues années ce fatal hiver de 1643 et 44.

Mais Lulworth fut rebâti de plus belle, à tel point que c'était encore une merveille sous la restauration des Stuarts. En 1668 Charles II le visita avec les ducs d'Yorck et de Monmouth.

En 1789, Georges III alla y festoyer trois belles dames ; on se remémore encore parmi les anciens du village, cette belle promenade sur l'eau, quand la caravane amoureuse y arriva en canots de Weymouth, avec nombreuses illuminations : c'était un enchantement des Mille-et-une-Nuits.

Charles X complète la série de rois échus à ce gothique séjour. Ce ne sont pas de bruyantes pérégrinations comme en 1615, ni de joyeuses orgies comme en 1789. On y entend force messes ; on y reçoit force soutanes ; on y parle beaucoup d'anarchie, de révolution, d'usurpateur, vocabulaire de prédilection de Charles X; puis on va battre les forêts, relancer cefrs et daims. L'ex-roi a pris son *permis* sous le nom de *comte de Ponthieu*, et le duc d'Angoulême est métamorphosé en *comte de Marnes*, quand il est à courre le lièvre.

A leur rentrée les voilà se livrant à des exercices de piété, puis se mettant gaîment à table le *benedicite* étant dit.

Une correspondance régulière, quoique indirecte, se poursuit avec activité entre la famille de Bourbon et ses partisans en France. Charles X ne cesse de se confier en la toute-puissance de Dieu, par la grâce duquel il a régné, et assure que tout finira par tourner en faveur du duc de Bordeaux; et il n'assigne d'autre terme à cette heureuse issue que celui d'un an; avant un an Henri V doit être assis sur le trône de France. La duchesse de Berry seule hésite à croire à cette prophétie; tranchons le mot, elle n'a nulle foi en une si prochaine restauration.

M. de Latil venait d'arriver en compagnie de M. d'Haussez. On a beau parler des distances, on a beau, dans les cours, établir l'échelle de la considération sur les calculs infinitissimaux du rang, il y a du plaisir pour un roi dans l'infortune à revoir des inforfunés, et surtout lorsqu'ils sont cardinaux et ministres de la marine.

Le duc d'Angoulême, la dauphine, la duchesse de Berry même, s'ébahirent de plaisir à revoir ces loyaux sujets. Cependant il y avait une nécessité plus urgente pour les princesses, c'était de remonter leurs garde-robes. La révolution les avait prises tellement à l'improviste, et avait été si bon train, que MM. de la Villate, O'Hegerty, Mme de Gontaut, M. de Faucigny-Lueinge, et autres officiers de la garde-robe, réunis aux gouverneurs et sous-gouverneurs, avaient décampé un pied chaussé, l'autre nu, et par conséquent sans faire les paquets. Les duchesses d'Angoulême et de Berry se trouvaient absolument sans linge.

Mais heureusement MM. le maréchal Maison, Odillon-Barrot, et autres commissaires nationaux, n'avaient pas perdu la tête; en éconduisant la famille royale, ils lui avaient glissé 330,000 francs en rouleaux de pièces d'or. La délicatesse de cette attention avait touché tout ce monde : à peine débarqués, on s'était remonté de robes, de chapeaux, de fichus. C'est pénible d'en venir à de la gratitude pour une cinquantaine de rouleaux de napoléons, quand on a eu 30 millions de liste civile. *Et nunc intelligite, erudimini qui judicatis terram.*

Il y a de quatre-vingts à cent personnes dans le château. Je me trompe; toute cette suite ne s'y est pas établie : l'hôtel d'Heffleton, celui de Wick et autres dans le village, sont affectés au logement de bien des débris de la gentilhommerie française, décidée à lier sa destinée à celle du prince détrôné. Mais il y a beaucoup d'allées et de veuves; tout cela jase : valets et piqueurs, dames pour accompagner et duchesses, courtisans et pénitenciers, tout cela se laisse aller à des causeries; en sorte que l'on a dans le village le bulletin à peu près exact du château. Grande est la curiosité de chacun de nous, pauvres diables que nous sommes, qui nous consolons de notre néant avec force enquêtes sur les faits et gestes de ces rois à la retraite, les commentant, les analysant, ni plus ni moins que si nous avions quelque chose à y redire.

Ma curiosité a eu, pour sa part, de grandes obligations à la bienveillance loquace de M. Hyde. Il est vrai que c'était de seconde main que je tenais les communications, M. Hyde n'étant que l'intendant de sir James Weld, et par conséquent Anglais, exclu du conseil privé; mais on avait beaucoup de déférences pour lui : M. le cardinal de Latil le rangeait au nombre de ses amis; et M. de Latil est ordinairement bon vivant, enluminé, et très-communicatif vers les 7 heures du soir, c'est-à-dire à l'issue du dîner. Le fumet des faisans, le bouquet du bordeaux rendent l'élasticité à son imagination jaseuse; les distances disparaissent, tous les hommes redeviennent des hommes pour lui; et, si l'on a des oreilles à mettre à sa disposition, il donne cours à sa garulité, fût-on un wigh incorrigible.

La cour émigrée a les yeux avec anxiété fixés sur le continent. Jamais Dauphin et Dauphine n'avaient tant lu les journaux français : on politique à la promenade, on politique à table, on politique en calèche, on politique à la chapelle, entre le verset et le répons.

Toujours est-il que les émeutes des ouvriers parisiens ont fait passer de bons momens à Sa Majesté très-chrétienne.

« Nous n'en voulons pas aux ouvriers, disait le cardinal; ils ont fait le coup de fusil, mais sans en savoir précisément ni le pourquoi, ni le comment. Mangin nous a valu les pavés; le malheureux! il nous a aliéné les faubourgs. Je l'ai toujours dit à M. de Quélen, à Paris : M. le préfet de police, en molestant vendeurs et vendeuses, étalagistes et afficheurs, a fait de la rigueur en pure perte; hé, bon Dieu! que ne laisse-t-il un peu aller les choses à vau-l'eau? Nous n'en verrons pas moins le bout de l'an : avec toutes ces contraventions à sa légalité de police, vous le verrez, avec sa grande colère des minimes abus, il sème une poudrière sous nos pas. Ce n'était pas si mal vu, me dit à présent Sa Majesté; mais est-ce temps?

« La rage administrative s'est emparé de tout le monde en France; et, au fait, il y a tant d'employés! que feraient-ils, s'ils ne veillaient à cette légalité transmise par la tyrannie de l'empire à la restauration?

« Le peuple était pour nous au commencement. On a beau dire, cela était, et voici pourquoi. Leur Napoléon avait fait sa vache à lait de la France; il menait ce pauvre peuple comme un vrai régiment de Croates, avec la schlague. Les gros appointés de l'empire criaient gloire! miracle! homme de la providence! mais la populace était décimée, foulée, écrasée, bâtonnée, que c'était pitié.

« Nous y retournâmes. Ce furent merveilles au commencement : des flots de populace enthousiasmée, des villages endimanchés quand nous passions. Puis, la littérature impériale commença à lever un peu la tête, puis elle se rassura, puis elle éleva la voix dans les journaux, puis elle inventa le libéralisme; et la voilà parlant au nom du peuple, qui certes ne lui avait pas donné mandat. Bonnes dupes que nous étions! nous avions des griefs contre la populace de 93, et nous crûmes, nous les premiers, les journaux qui parlaient au nom du peuple; et l'on sévit contre le peuple, et l'opposition se forma; et l'on sévit plus fort encore, et la royauté se sépara du pays, et vinrent les Bellart et les Marchangy, et les Dammartin et Mangin, pour couronner l'œuvre avec leurs rigorismes.

« Qui menait tout cela? les banquiers, les généraux, tous les enrichis de l'empire, qui n'étaient plus que peu de chose devant les émigrés rentrés. Ils se faisaient porter par le peuple comme des victimes intéressantes, eux qui, sous l'empire, s'étaient engraissés de son sang, volant, spoliant les pays conquis, quand le soldat avait payé de sa vie les pécunieuses places que ces messieurs y allaient occuper.

« Ce sont ces gens, Messieurs, qui forment à présent ce qu'on appelle l'aristocratie financière : nulle classe plus qu'elle n'est cordialement opposée aux intérêts du peuple. Et, cependant, tout cela faisait cause commune sous les Bourbons! Pourquoi? parce que l'on ne s'expliquait pas. Enfin, les voilà délivrés de nous : on se regarde, on s'interroge; et vous voyez si l'on est d'accord. Ce pauvre peuple! il s'attendait à toute la liberté possible! le voilà dans un assez plaisant mécompte.

« Il n'a tenu qu'au Dauphin, à lui seul, de rajuster nos affaires, et, d'un coup, de rabattre tous ces ambitieux tartuffes de la liberté, et de ressaisir sa popularité première. Mais comprendre le véritable des choses! voilà le difficile. Oui, au mois de juillet, même au milieu des barricades, S. A. R. pouvait tout rapatrier mieux que jamais.

« Vous demandez de la liberté, devait-il dire dans une proclamation : Louis XIX vous donne toute celle que vous pouvez désirer : je me fais libéral, républicain, si vous voulez. Vous parlez du drapeau tricolore? je le veux plus fort que vous : j'adopte vos gloires; le peuple est souverain; et si je garde quelque pouvoir, ce n'est que pour faire exécuter ses volontés. Il devait dire cela et le penser.

« Vous allez voir. Le peuple veut briser les presses, les mécaniques; il a raison ce pauvre peuple, aurait crié Louis XIX : comment donc! il s'est bien battu, il faut qu'il travaille. Allons, Messieurs les industriels, exécutez-vous de bonne grâce : brisez toutes ces machines, ou, par la corbleu, j'enverrai des troupes au secours des briseurs.

« Les ouvriers veulent leur heure, ils ont raison : ils quittaient à sept heures jadis. Maintenant que le peuple est souverain, vous voulez m'en faire des ilotes! Non, de par tous les Dieux! ces ouvriers sont sages, vaillans : il n'y a que vous, messieurs les maîtres d'ateliers, qui êtes des égoïstes, qui, pour avoir une maîtresse à l'Opéra et un phaëton sous la remise, auriez l'impudence de vous procurer ces plaisirs à la sueur du pauvre. J'ordonne que l'on ferme magasins et ateliers à sept heures. Sachez que je ferai tous mes efforts pour obtenir le surnom de *Louis-le-populaire*.

« Mais, à propos, pourquoi des droits réunis? Allons, que l'on renverse toutes ces échoppes de la tyrannie, tous ces vestiges de l'impérialisme : de l'économie, Messieurs, de l'économie. Le *National*, le *Courrier*, le *Constitutionnel*, avaient cent fois raison quand ils se récriaient contre ces dignitaires, ces sinécuristes si fortement salariés. Six mille francs pour un préfet, trois mille pour un sous-préfet, et pas un centime de plus. Messieurs les libéraux, c'est à votre patriotisme à remplir ces places : à vous les recettes générales, à vous les préfectures, Messieurs du *National*, Messieurs des *Débats*. Ah! ah! vous refusez. Vous les voyez, peuple français, ces grands prêcheurs d'économie; ils n'en veulent plus à présent : il ne songent qu'à s'engraisser du travail du peuple, à se dorloter dans un chef-lieu comme en grasse abbaye! les tartuffes! et cela, lorsque le souverain veut délivrer ses peuples de l'onéreux impôt des boissons!

« Mon cher monsieur Hyde, vous le voyez, ce n'était pas si difficile qu'on se l'est imaginé, de faire quelque chose de bien, même après la bagarre. Et la nation y aurait gagné. Que gagnera-t-elle, je vous en prie, avec un roi de la façon des financiers et des avocats? un grandissime désappointement. Cela commence. »

Si l'on en croit l'*Hampshire télégraph*, on compte encore, dans la petite cour de Lulworth, sur l'appui de l'aristocratie anglaise. C'est dans les banquets que l'opinion se dégage plus libre et plus franche, conformément à un ancien adage latin. Au banquet de la cité de Londres, le vent a été à la légitimité; tandis que l'Angleterre, les yeux attachés à cette table, s'attendait à des toasts séditieux, plus que libéraux. C'était pour cette raison que de nobles lords, tels que leurs seigneuries Spencer, Althorp et Lansdown, ne s'y étaient pas rendus, et cela sans le moindre palliatif.

Lord J. Russell avait été plus civil dans une lettre écrite, dit l'*Hamsphire télégraph,* avec la mollesse de style d'une coquette de miss languissamment étendue sur son divan : « Je suis tellement épuisé par les fatigues d'une longue élection vivement disputée, que l'on m'excusera de ne pas assister au banquet du 18. »

Lord Milton ne saurait s'y rendre non plus, mais il n'en donne pas moins de très-bons conseils, quoique de loin : son vœu, à lui, est que la révolution française réunisse l'approbation *du plus grand nombre possible* de personnes *distinguées.* C'est ce qui s'appelle proposer son toast par la poste.

M. Brougham, excellent avocat, se tient aussi à distance respectueuse ; mais son opinion est qu'il faut que le roi des Français soit *aussi fort que possible.*

Quant à lord Nugent, il avait une excuse aussi romantique que touchante :

« Je désirerais me rendre au banquet ; mais le jour fixé est précisément l'anniversaire du jour où j'ai coutume de me réunir à quelques excellens amis à la campagne : cette réunion est pour moi un devoir sacré, c'est pourquoi je vous prie, etc., etc. »

Le catalogue des divers toasts, des motions, des excuses, a quelque peu diverti Sa Majesté. M. de Damas croyait plus fort que jamais à une troisième restauration.

M. James Weld, qui a reçu, logé Charles X en son château de Lulworth, est un pair catholique qui peut se promettre le cardinalat : la cour de Rome compte sur lui pour la continuation des paiemens que l'ex-roi faisait au clergé romain.

C'est quelque chose de bien dispendieux que la dévotion d'un roi! Charles X ne désirait rien autre chose qu'une place en paradis; il n'y a pas grand mal à cela: nous sommes dans le siècle des places; et, jouissant de trente-deux millions, annuellement payés sur la liste civile, il était naturel que cet excellent homme songeât un peu au bien-être de l'autre vie : c'est l'arithmétique de la fourmi.

Ses largesses s'épandaient donc sur prélats, chanoines, curés, pénitenciers, bedeaux, etc.; non content d'engraisser ces saints fainéans de France, il expédiait encore 170,600 fr. à Rome, dont voici la répartition :

A plusieurs chanoines de Saint-Jean de Latran, chargés de célébrer une messe, le 21 janvier pour Louis XVI, le 16 octobre pour la reine Marie-Antoinette, et le 13 février pour le duc de Berry, vingt-quatre mille francs, ci. . 24,000

A M. de Retz, auditeur français au tribunal de la Rote, ancien aumônier de Charles X, vingt mille francs, ci. 20,000

Au clerc national français près le sacré-collége, jeune prêtre qui a dû cette sinécure à la bienveillance de M. de Blacas, trois mille francs, ci. . 3,000

A deux gentilshommes, introducteurs d'ambassade créés par le pieux M. de Blacas, qui voulait donner à vivre à tous les bien-pensans, deux mille six cents francs, ci. 2,600

A l'aumônier de la chapelle de l'ambassade, place créée par ledit M. de Blacas, mille francs, ci. 1,000

Aux cardinaux français, qui reçoivent déjà les traitemens des siéges qu'ils occupent, et les revenus des hautes dignités qu'ils remplissent, ce qui, en raison de 30,000 francs pour chacun de ces béats, fait, pour les quatre, la bagatelle de cent vingt mille francs, ci. 120,000

TOTAL. . . 170,600

M. de Latil n'est pas le seul à aimer à tabler : un franc, un vrai Irlandais, M, O'Hegerty, qu'une filière de circonstances toutes plus miraculeuses les unes que les autres avaient fait écuyer du roi de France, ne s'est pas défait des bonnes et hypocratiques inclinations nationales, durant une quinzaine d'années passées sur le continent; tout au contraire, avec M. de Brabançon, sous-gouverneur du duc de Bordeaux, et M. d'Acher-Montgascon, secrétaire du Dauphin, le comte O'Hegerty vient s'affliger à l'auberge d'Heffleton. Il y a là bonne compagnie : M. Armand de Polignac, le prince de Croï-Solre, le marquis de Maisonfort, et autres qui n'ont pu trouver place au château. On commence le dîner sur le ton élégiaque; on gémit d'abord : des regrets, des sanglots, des larmes, des réflexions sur le néant des choses, qui n'interrompent cependant pas l'opération maxillaire; puis viennent les affaires de la France, des imprécations ou des soucis sur les ministres détenus : les opinions se divisent, des bouteilles se vident, l'entretien s'échauffe, les cerveaux se fertilisent, les idées se pressent, le Bordeaux coule; il n'est pas rare qu'avec des messieurs qui ont l'oreille du roi, il y ait à la taverne d'Heffleton une seconde édition des paroles du château.

Voici, entre mille choses, ce que l'on écrit de Paris à la Dauphine, sur la déchéance des hommes de lettres : M. O'Hegerty ne s'est pas fait presser pour lire à ses bons amis la missive adressée à la princesse. Moi, intrus dans ce conciliabule, moi, profane, je n'ai pu insister pour savoir le nom du correspondant de Paris : on se serait trop aperçu de moi, et l'on aurait resserré la lettre. Je n'ai pu saisir à la volée ce nom; mais je suis sûr que ce n'est pas celui du prince de Talleyrand, à moins toutefois, qu'il n'ait écrit sous la signature d'une dame de la cour.

« Le roi n'est pas le seul détrôné; ceux qui s'en doutent le moins, surtout parmi les auteurs et instigateurs de la catastrophe, s'apercevront dans peu que leur couronne est à terre. Que voulez-vous? Tous ces gens de lettres, tous ces auteurs famés vivaient d'opposition : vous éloignés, il n'y a plus d'opposition, partant plus de succès de vogue, d'enthousiasme, d'entraînement, d'engouement populaire.

« Dans les temps d'esprit de parti, les adeptes ont leurs idoles. Ce qu'il y avait de plus réjouissant à Paris, c'est que, lorsqu'on criait le plus fort contre les adulateurs de cour, les thuriféraires, contre les courtisans, pour qui l'on ne trouvait pas assez d'expressions méprisantes, les libéraux ne voulaient qu'être adulés, flattés au théâtre, en couplets, en alexandrins, dans les journaux, même à la tribune. On a, à ce que l'on croit, assez chanté à tue-tête au parterre la bravoure, l'amabilités française; on a assez long-temps soutenu à ces gens qu'ils étaient les plus délicieux, les plus vaillans et les meilleurs des hommes, enfin des êtres en tout point admirables, sur les rimes de *la gloire*, des *lauriers*, de la *victoire* et des *guerriers*. Force était de cajoler l'esprit de parti; et en même temps, on se donnait, avec de l'opposition, un petit air de martyr qui ne laissait pas de bien faire : on se résignait sous le coup des persécutions, et succès d'aller son train.

« Malheureusement, les tribunaux ne sévissaient pas à la satisfaction des martyrs surnuméraires : tel qui aurait donné tout au monde pour se mettre en évidence, pour aller devant la Cour royale, avait beau jouer l'opprimé, faire le furibond, le parquet le dédaignait; réquisitoires et leurs foudres passaient à côté de lui, allant frapper un plus heureux. C'était désespérant! pas un bon petit procès, une lucrative condamnation! Quelques mois d'emprisonnement vous couronnaient un homme des auréoles de la popularité.

« Mais à présent le calme est revenu, on se regarde, on s'examine, on se compte. Dieux! le prestige s'est évanoui. Casimir Delavigne! mais il est, commence-t-on à dire de toutes parts, d'un glacial, d'une symétrie qui ne vous laisse rien d'inattendu. Je lis plus que jamais les journaux: sa mission de poète national est finie. Il a scandé les syllabes d'une *Parisienne*; et le libéralisme en masse de s'écrier : « Le pauvre Tyrtée que le nôtre! ». Il a voulu se relever dans une *Messénienne*; on se regarde : Comment, se dit-on, c'est là notre grand poète! Pauvre révolution de 1830! on voit bien que le rimeur, loin de la mêlée, se gaudissait, dit l'autre, dans sa maison de campagne de Fleury, pendant qu'on se battait. Le constitutionnel le loue : vieille ruse de camaraderie dont personne n'est plus dupe. Des annonces, des articles de complaisance pour pousser à la vente! Loin de vous, généreux hommes de 1830, ces prêts de louanges, ces prostitutions de plumes dont les auteurs libéraux ont trop long-temps abusé. D'ailleurs, M. Casimir Delavigne est passé maître en courtisannerie auprès du nouveau roi; rien ne déconsidère comme le favoritisme : le public veut toujours ses chantres sous le coup de l'adversité.

« Il m'est revenu que Béranger avait dit : « C'en est fait de la royauté des lys et de celle « de la chanson. » Celui-là a fait preuve de sens : une chanson l'eût perdu, il ne l'a pas faite. Il est chansonnier émérite.

« Et les deux frères Siamois ! Tant qu'il y a eu un parquet rembourré des Menjaud-Dammartin, des Levavasseur, des Boudet, le lecteur bénévole, qui ne voyait en Méry et Barthélemy que gibiers de procureurs du roi, se roidissait, les environnait d'intérêt, d'attachement; on s'indignait dans le comptoir, on les défendait à part soi contre Villèle et autres dévorans. Je vous l'ai dit, le prestige est évanoui. Que veulent, commence-t-on à se dire, ces versificateurs ? sont-ils pour le despotisme ? sont-ils pour la liberté ? Ils ont une affection toute particulière pour l'*Homme ;* ils choient son fils, sa famille. Et la pauvre liberté donc, cette liberté dont leur héros ne voulait pas ! Hé bien ! le lendemain, c'est la liberté qu'ils entonnent. Ces palinodies éhontées, à front découvert, désillusionnent le monde. Mais, si on les persécutait, oh ! je vous en assure, personne ne voudrait rompre l'enchantement, nul ne serait assez hardi que de dire le premier : « Ces Messieurs n'ont aucune unité de vues, de sentimens; ils font de poésie métier et marchandise : pourvu qu'il y ait de l'argent dans un sujet, ils se jettent dessus avec force rimes et métaphores. » Tout le monde penserait cela; mais le dire, dans un temps de persécution, ce serait comme le grelot à attacher au cou du chat.

« Et les journaux ! c'est parmi cette littérature par excellence du siècle, que la déconfiture est désolante! Et, pour comble de malheur, obligés qu'ils sont de se réjouir tout haut du succès de la révolution de 1830, tous les jours il leur faut biffer des noms sur le registre des abonnés, registre qu'un coriphée du journalisme, M. de Jouy, a déclaré le plus intéressant de toute la bibliothèque d'un gazetier. Les actionnaires sont d'une rareté! les réabonnemens d'une difficulté!

« Quelques-uns, plus adroits, se sont mis en quête d'un nouveau genre d'opposition; et, en effet, il y a encore à soutenir les intérêts populaires un petit air de martyrisme : il n'est pas impossible, avec de la démagogie bien épicée, d'aller devant le jury; mais voici un grand inconvénient capital qui en dégoûtera. On défend le peuple, les maçons, les serruriers, c'est bien; mais ces gens ne peuvent offrir qu'une reconaissance gratuite : point d'actionnaires à trouver parmi eux; pas un coupon qu'on puisse placer. Ah! que le libéralisme, sous la restauration, faisait bien mieux ses affaires! des banquiers, des négocians, des gens enfin à la gratitude métallique, sonnante! c'était le bon temps! Ajoutez à cela que les imprudentes lois villéliennes avaient monopolisé la chose au profit du *Constitutionnel* et du *Courrier*; aussi, Dieu sait quel Pactole roulait ses flots d'or dans la poche de MM. Etienne, Dumoulin, Dupaty, Kératry : c'était à tel point, que M. Bertin-Devaux y fit une sérieuse attention; aussi changea-t-il du blanc au noir, même sans se donner la peine de ménager les gradations, tant il avait hâte de faucher dans cette moisson abondante.

« Ainsi, on le nierait en vain, d'après l'élégante expression du siècle, le journalisme est *enfoncé* : plus d'opposition, ou une opposition non rémunérée. La voilà arrivée, l'heure de la décadence de ces redoutables pouvoirs impatronisés dans une ère d'indépendance théorique, et lorsque l'on parlait bien fort, bien haut d'affranchissement de la pensée; comme s'il y avait eu de la liberté de penser et d'écrire, quand tout livre n'avait d'existence que par le bon vouloir des journalistes. Aussi, que de bassesses, de plates adulations n'ont pas vues à leurs pieds les autocrates du *Constitutionnel!* On a percé bien à jour les hommes de cour, on les a vilipendés comme les prototypes de la flagornerie; et tel qui venait de faire un livre contre la courtisannerie se mettait, ses deux exemplaires sous le bras, en route pour l'*OEil-de-Bœuf* de M. Etienne, M. de Jay. Et vous ne voulez pas qu'à part soi, et dans la réflexion sur la question financière de leur littérature, ces dictateurs refusent quelques regrets au bon temps de l'obscurantisme, du jésuitisme, où nul homme n'eût été assez osé que de dire et même de penser ce que je vous écris, écho de ce qui court les rues que je suis?

« Les célébrités sont à la baisse, et dans une effrayante baisse encore, depuis le départ de la dynastie. Les Bourbons sont regrettés, mais après que la porte est hermétiquement fermée, bouchée, calfeutrée, par bien des gens dont on ne se douterait pas.

« M. Villemain est à zéro. Hé bien! voyez ce que c'était que la défunte monarchie pour l'encouragement des lettres et des beaux-arts. M. Villemain, appelé à la chambre des députés, allait effacer Barnave ; on se pâmait d'avance, et la raison en était toute simple : M. de Villemain avait été privé de sa chaire de littérature par le ministère déplorable ; on conçoit que son talent en avait doublé. Grande hâte donc d'introniser ce soleil à la tribune élective. Crac, les Bourbons tombent, et plus de prestiges pour Barnave II. Que sais-je ce qu'on lui reproche ? Il n'a que l'Angleterre à dire : il monte à vide à la tribune quand il a oublié ses notes sur l'Angleterre. Le croirait-on ? on veut donner sur les doigts au professeur de ce que les Bourbons sont tombés. Pour professeur on ne le réélira pas.

« La popularité la mieux *enfoncée*, c'est celle de M. Guizot. Lui aussi s'était dolenté, avait eu sa part de l'ostracisme de la Sorbonne. Hosanna donc pour M. Guizot! D'aventure un portefeuille lui tombe dessus... que dis-je là ? lui tombe! il s'en est fort bien gratifié lui-même dans un conseil tenu avec M. de Broglie, qui en prit un lui aussi pour sauver la France. Hé bien! la popularité de M. Guizot et de madame Guizot est à l'agonie. On est pour toujours guéri de la manie des doctrinaires.

« Mais à propos d'agonie politique : quelle plus belle infirmerie que les 221 ! La grosse artillerie des journaux fait feu et flamme un mois durant pour leur réélection ; ils sortent du scrutin brillans comme une Jérusalem nouvelle! que de Mirabeaux ! que de patriotes nous viennent là! la dynastie tombe. Les 221 ne sont plus bons à jeter aux chiens; on leur dit de s'en aller, on veut les chasser à main armée, on les ridiculise, on les chansonne. Il faudra les traiter ni plus ni moins que comme des Suisses.

» Je ne puis finir sans donner une larme à M. Scribe. Ce vaudevilliste musqué, content d'émouvoir les poupées de salon, en marivaudant des *premières fautes*, des *Mariage de raison* et autres choses à grand effet sur des fibres peu à l'épreuve de laudanum, des sels, etc., se croyait à l'abri des reviremens politiques, s'étant arrangé avec l'ami Poirson pour faire son prieuré, son canonicat du théâtre de Madame. Tout était bien signé, paraphé, en règle; M. Scribe allait passer à l'eau rose toutes les imaginations de nos demoiselles, quand arriva cette maudite révolution de 1830. L'abbé Scribe! se dit-on, mettez-nous le à côté de l'abbé de Bernis, dans le boudoir de madame de Pompadour; voilà sa place. Quel caractère que le sien! nain musqué dans un grand siècle, dans *Avant pendant et après*, il ridiculise les républicains et fait un Eldorado de la France de M. de Polignac. Juillet se passe : il promène l'éponge sur ses tableaux, les croque de nouveau : alors à ses yeux les républicains ne sont plus si ridicules ; la France de M. de Polignac mérite des coups de fusil. Comment se peut-il, continue-t-on, qu'un homme dans l'opulence se fasse le flatteur de l'esprit du jour, qu'il renonce à son *moi* pour s'accommoder à toutes les billevesées qui courent les rues? Comment y a-t-il des gens d'instinct assez courtisan pour chercher à toute force un pouvoir à cajoler? Il en faut un à M. Scribe; si on ne le veut pas à la cour, il allumera son encensoir dans la rue, dans un salon; il faut qu'il s'efface, qu'il adule.

« Mais j'oubliais de dire que M. Scribe aime toujours plus l'argent. Je l'avoue, je veux un caractère. Tout baroque qu'il est, je préfère Victor Hugo : sa persuasion, sa ferveur sont touchantes : c'est un fanatisme romantique qui émeut. Mon royaume n'est pas de ce monde, se dit-il ; la France fera ses progrès, l'avenir me comprendra; et, paisible, il traverse les risées populaires. Il a, dit-il, des prosélytes, des élus de prédestination qui le comprennent. Le mot de camaraderie a été jeté au travers et a fait fortune.

— Qu'importe?

— Mais c'est Henri de Latouche, un des sectaires du romantisme, qui l'a dit, ce mot fatal.

— Qu'importe? Si Latouche est travaillé du

venin de la jalousie? Lui aussi était romantique; il voulait la régénération littéraire; elle est venue, mais on a choisi un autre roi que Henri de Latouche. *Inde iræ.*

« Vous le voyez, le *ôte-toi de là que je m'y mette* fait le tour du monde.

« Recevez, je vous prie, l'assurance, etc., etc.

Sa majesté Charles X, au dire de ce digne M. d'Ohegerty, n'a pas été médiocrement égayée de la mésaventure de tous ces gens que son ultracisme faisait prospérer. Peu au fait des affaires du Parnasse, il n'avait de sa vie dérobé pour eux une pensée à ses affections de sacristie ; et voilà qu'il se trouve les avoir encouragés à son insu. Cela l'a fait rire comme un bienheureux.

Sa pléiade, à lui, parait être composée du chantre de l'indifférence, de M. Alizan de Chazet et du père Loriquet, auteur de *Cantiques sacrés pour la première communion.* Dailleurs sous ce rapport-là, il s'en était toujours référé à son Apollon officiel, M. Sosthènes de Larochefoucault, directeur des Beaux-Arts.

Comme dans ce conciliabule, on était en train de démolir les réputations, M. de Croï-Solre a raconté comment Charles X céda jadis à un élan de générosité.

« Le sacre avec ses pompes, disait Charles X,

avait mis en émoi toutes les imaginations. Mais, dans un pays de lecture comme la France, la plus belle solennité est incomplète si les beaux-arts n'enbouchent la trompette ; ainsi fallut-il faire. Sosthènes s'en référa à moi pour les encouragemens à donner. M. Lourdoueix consulté, vers, prose, tableaux, lithographies, tout fut rémunéré. Eh bien! le croiriez-vous, il n'y eut que des mécontens.

— « Mais M. Baour-Lormian?

— « Voilà quelque chose de précieux! Il rapetassa je ne sais quel dithyrambe du sacre de Napoléon. Comment récompenser des gens, après cela, qui ne vous donnent que du réchauffé? Heureusement on peut trôner, se couronner, se faire sacrer sans certificats rimés. A propos de livres, a continué le roi, on dit que M. de Châteaubriant s'est mal mis en cour.

— « Il n'a jamais su guère s'y bien faire venir. Napoléon et Louis XVIII l'avaient recherché et s'en étaient éloignés.

— « Moi j'ai mieux fait, je n'ai prêté nulle attention à lui. Martignac en voulait à toute force, il y a deux ans. Laissons-le faire son histoire de France, nous y gagnerons tous. Mais le journal des Débats! rabâchait sans cesse Martignac; c'est une importante conquête pour nous pétrir l'opinion, que le journal des Débats! Le journal des Débats! nous n'avons pas un besoin si pressant du journal des Débats pour vivre, lui répondais-je. Mais il insista tant qu'il fallut me rendre. A tout le moins, lui dis-je, éloignez-le de Paris. Une ambassade.. à Rome, par exemple.

— « Il vient de poser très-nettement le principe de la légitimité à la chambre des pairs.

— « Comment, a repris le roi, le voilà de notre bord à présent!

— « C'est une grande puissance que celle de son nom! il a refusé les 12,000 fr. de pension, comme ministre retraité, et je ne sais quoi encore.

— « Et pourquoi s'était-il embarqué dans le libéralisme? c'est gens-là veulent se singulariser!

— « Si j'osais exprimer le plus cher de mes vœux à votre Majesté.

— « Parlez, parlez : lequel?

— « M. de Châteaubriant jouit d'autant plus d'ascendant, que ses ouvrages, lus et relus, descendent chaque jour parmi les masses, comme disent les publicistes.

— « Hé bien! lui maintenir la pension de 12,000 livres sur notre cassette, vous voulez dire? Mais, mon cher Monsieur, la révolution nous a rogné la liste civile, c'est à peine si nous vivoterons ici.

— « Tout notre avenir repose sur Sa Majesté Henri V. Si cette frêle tige de la monarchie était confiée à M. le vicomte de Châteaubriant, l'Europe ne saurait lire les beaux ouvrages du précepteur, sans fixer ses idées sur l'élève : cela le populariserait.

— « Cependant... oui..., mais je ne saurais affliger M. Alfred de Damas.

— « M. de Damas est très-pieux ; mais il se résignerait avec joie dans la perspective du succès de notre cause.

— « Croyez-vous M. de Châteaubriant susceptible de venir en Angleterre?

— « C'est l'âge de la retraite que le sien ; nous pouvons le faire sonder par quelqu'un. Voyons, que lui déléguerons-nous, madame de Gontaut-Byron?

— « Il vous faudra quelqu'un de plus diplomate, de nullement suspect au monde parisien.

— « Le vicomte d'Ambray, c'est lui qu'il nous faut.

« On l'a appelé par devers sa majesté, et dès demain il se met en route pour Paris. »

Tout le conciliabule trouva l'expédient assez

bon. Le lendemain ce fut à qui visiterait le vicomte d'Ambray; tout le monde avait des commissions pour Paris; celui-ci pour voir le liquidateur de ses rentes, celui-là pour la vente de son hôtel.

Nous attendons avec impatience la solution de cette négociation. On a ici la certitude que le vicomte acceptera.

Le 30 août, vint à Lulworth la nouvelle de la nomination du prince de Talleyrand à l'ambassade d'Angleterre, la première après celle de Constantinople, si, au reste, celle-ci n'est pas plutôt une vice-royauté.

Ce choix a quelque peu déridé le front jauni et soucieux des émigrés de 1830.

M. de Talleyrand! c'est selon Charles X, un de ces hommes dont on ne saurait se passer, que l'on voit même avec plaisir, mais que l'on ne se donne pas la peine d'estimer. A peine ont-ils tourné les talons, ces gens là, on se met à son aise sur leur compte, l'on ne marchande pas les épithètes; puis on les revoit sans peine, avec plaisir encore, comme l'on s'amuse aux singeries d'un sapajou : c'est dire qu'ils ont du trait, du scintillant, des réparties, de la malice, en un mot ce que l'on est convenu d'appeler de l'esprit; et cela fait tout passer.

Payant son excellence de la même monnaie, dans un club de bons Anglais on avait parlé d'aller à la rencontre du prince de Talleyrand avec un drapeau tricolore ; un malin s'était pris à dire : « Ce serait du luxe, il suffit du bâton seul du drapeau pour le recevoir. » Et Wighs et Torys de rire.

Il paraît que la gentilhommerie de Lulworth ne comprend pas la nature du mécontentement excité par la délégation de ce farceur de Talleyrand, le premier après Potier, suivant le Russe Rostopchine.

M. de Talleyrand gît en France comme un débri de la philosophie très-sceptique, très-libertine, très-dépréciante du XVIIIe siècle. Il ne croit à rien. Il a traversé la révolution sans croire à la liberté, l'empire sans se mêler d'âme à sa gloire, la restauration sans s'émerveiller du miracle d'une légitimité ainsi rétablie sur sa base. Avoir beaucoup d'argent, de bonnes sinécures, des honneurs dont on ne fait pas cas et dont les autres font cas, voilà la politique du prince de Bénévent, tout le reste est de la fumée, des illusions, des hochets.

Mais la jeune France est fervente à sa manière ; et sous le charme d'un enthousiasme, elle croit, pousse au prosélytisme, combat *un-*

guibus et rostro pour la liberté; et pour ces gens fanatisés de légalité, d'axiômes libéraux, un homme qui se rit de tout, qui laisse tomber sur ce grand mouvement des mots de désillusion, qui distille une incrédulité sardonique qui corrode; cet homme ne pouvait être pour les régénérateurs que le pire de tous. Certes, sous le coup d'une révolution créée d'élan, un pareil choix devait tirer des hauts cris, surtout aujourd'hui, que six à sept cents journalistes n'ont pas d'autre métier que de regarder par la fenêtre, et d'accueillir de huées écrites les heureux du ministère.

Mais à la petite cour de l'ex-roi, on est dans la persuasion que si M. de Talleyrand déplaît, c'est parce qu'il a la joue encore empreinte du soufflet de Maubreuil; ce qui est dérogatoire.

Charles X n'en veut pas à un autre favori de Louis-Philippe Ier qu'il ne cesse de qualifier de lieutenant-général de son royaume : cet autre favori c'est M. Dupin.

Ce n'est pas que M. Dupin soit bien en cour à Lulworth; on n'y comprend pas bien encore les motifs de ses nombreux louvoiemens : c'est un Protée que cet homme-là. Lion, il a rugi contre ce pauvre M. de Bully, qui s'était mis en route pour la chambre élective avec de mauvais papiers ; car la cote de ses impositions, bien épurée, se montait à quatre frans cinquante. Ce qui n'est pas encore le taux d'éligibilité. M. Dupin l'accusa de vénalité devant les chambres.

J'ai dit que l'on ne le comprenait pas encore ; car, ami comme il l'a toujours été de Saint-Acheul, on ne sait pas net et clair le pourquoi qui l'a mis en route pédestrement pour Neuilly, je crois, où il alla offrir la couronne au duc d'Orléans, peu ami des séminaires, des dotations pieuses.

Néanmoins, Charles X ne l'en regarde pas moins comme un flambeau de la politique ; mais il l'aurait voulu dans les ordres ; une bonne mître aurait donné de l'aplomb à son existence, aurait basé sa fluctuation comme ces diablotins qu'un morceau de plomb fait toujours dresser sur leurs pieds. Une fois fixé, Charles X assure que M. Dupin eût prêté un grand appui à la royauté expirante, et vaincu, terrassé l'impiété avec les foudres d'une éloquence épiscopale. Le Ciel l'a puni de sa mondaineté ; il n'a pas de point stable, vivant d'arguties à la tribune et passant de contradictions en contradictions, parce que la mission de l'avocat n'est pas autre.

Quatre jours durant, Mme de Bouillé a brûlé le pavé ; vive, agissante, elle est seule, sans contredit, à supporter la charge du nom des Bouillé quelque peu nombreux, comme l'on sait, mais dont les dignités de cour endormaient l'activité aux Tuileries. Le mari de cette dame borna, en 1814, son patriotisme à cette chanson : *vive le roi! vive la France!* la Marseillaise de la restauration. Ainsi le nom de Bouillé doit toujours se trouver dans les chants nationaux des Français!

Mais quant à ce qui compète les allées et venues de cette dame, disons qu'elle devait diplomatiser la location de Came-House, château que la duchesse de Berry veut pour son Rosny.

Pauvre princesse! des chagrins, des altercations! Charles X la cherche chaque jour à la messe, et crie au sortir de là : elle ne communie pas assez exactement, ou bien, au dire du morose vieillard, elle ne fréquente les sacremens, ne rend le pain bénit qu'avec distraction et d'une manière besogneuse; ce qui n'est pas d'un bon chrétien.

La Duchesse, à Paris, avait oublié quelque peu la transparence, la limpidité de ce ciel qui remplit la baie de Naples de vie, d'âme et de larges lumières. Ces couchers de soleil si beaux, si dorés, si rians, qui closent les journées en Italie, et livrent aux zéphyrs l'empire de la nuit, empire qu'ils embaument en folâtrant dans les orangeries fleuries du rivage; tous ces souvenirs ont ressaisi la duchesse quand le tourbillon de Paris s'est évanoui dans le lointain.

Elle a pensé aux brises de la patrie, aux horizons de la patrie, aux soleils de la patrie. Les brumes de l'Angleterre contrastent tant avec cela! Que faire d'ailleurs dans une famille où tout est vieux, idées, plaisirs, conversations, et surtout pour une Napolitaine de 28 ans?

Alors elle fit entendre au comte de Mesnard, son écuyer cavalcadour, qu'elle ne saurait s'accommoder du climat de l'exil. M. de Mesnard devait faire entendre cela au roi. Délicate était la négociation. Charles X, chatouilleux, peu enclin aux délectations de la jeunesse, mettait souvent aux arrêts la princesse au pavillon Marsan; que sera-ce aujourd'hui, qu'il a des yeux de lynx pour découvrir partout des velléités de libéralisme, de démocratie!

Charles X s'y refusa net.

La Princesse fit répondre qu'elle s'en moquait.

Charles X fit demander ce qu'elle entendait par son : je m'en moque.

La Princesse fit répondre que le sens en était bien clair, et que d'ailleurs il serait encore plus clair le lendemain matin, où elle allait se mettre en route pour Portsmouth avec ses bagages et ses enfans.

« Qu'elle s'en garde bien! s'écria le roi. Henri V ne me quittera pas. Je l'ai toujours dit : ma fille se nourrissait l'esprit de ses journaux; elle aussi a succombé sous la force de ce poison caché. Qu'elle parte, qu'elle s'en aille, mais, par là corbleu! qu'elle se garde d'emmener mes enfans.

A cette condition, la princesse pleura, se désola, puis parla de les emmener malgré Charles X qui avait quelque pouvoir sur elle quand il parlait en roi, mais qui l'avait perdu le 29 juillet. « M. Bourbon, il n'est pas davantage aujourd'hui, ajouta-t-elle avec véhémence, M. Bourbon n'a nul droit de vasselage ni sur moi, ni sur mes enfans, et j'en référerai aux magistrats, aux tribunaux, s'il m'enlève mon fils et ma fille ». Cela dit, elle se jeta sur une ottomane et versa d'abondantes larmes.

M. Rouget, premier médecin, accourut avec ses sels anti-spasmodiques, la princesse repoussa tout. Mais le bruit des hostilités se répandait; mais madame de Bouillé, madame Gontaut-Biron se désolaient; MM. de Maisonfort, de Larochejaquelin, de Levis, de Courbon-Blenac s'entremirent, ils parlèrent avec onction à la princesse, ils apaisèrent le roi ; ils avisèrent à couper court à tout ce scandale, ils s'ingénièrent pour en empêcher la transpiration; mais le *Dorset country chronicle*, journal du comté, n'en publia pas moins les détails dans son numéro du surlendemain.

Le rapatriage se fit peu à peu. On exposa à la princesse le blâme des honnêtes gens, certaines convenances obligatoires, la vieillesse, les soucis de son père, les regrets dont serait bourrelé son cœur s'il dépérissait. Toutes ces considérations agirent sur elle : « Je demeurerai, dit-elle, mais pour vivre un peu plus indépendante que par le passé. » Elle se chercherait un Trianon en Angleterre, promettant de venir très-souvent auprès de son beau-père et de son fils.

Ces préliminaires de paix posés et consentis, on se mit en recherche d'un site bien solitaire, bien ombreux, d'un donjon commode, romantique, et cependant point du tout vieux, avec bassins, boulingrins, parterre, perrons, cygnes, jets d'eau, poissons d'or, orangerie, etc., etc.

Quelqu'un parle de Wardour, d'autres de Came-House; madame de Bouillé courut à la vérification des lieux, pour, en cas de convenance, prendre les arrangemens avec qui de droit.

Mieux que cela, Madame se mit dans l'idée

de voir par elle-même ; et comme un désir fait éclore une idée, qu'une idée peut enfanter un voyage comme une action, la duchesse de Berri fit projet de parcourir l'industrieuse Angleterre pour donner le change à son affliction.

Nous nous trouverions dans la fâcheuse nécessité de laisser ici une lacune, tant il y a du décousu, des contradictions dans les feuilles du Sommerset, du Midlessex, du Glocestershire et autres comtés, sur les faits et gestes de Madame, si le comte de Brissac, chevalier d'honneur, n'avait écrit à ses amis en France, une relation, peu circonstanciée il est vrai. Je crois même que cette relation figure dans le journal officiel de Lulworth ; je parle de la Quotidienne.

Laissons de côté la polémique, et prenons les faits; plût à Dieu, soit dit en passant, plût à Dieu que cela devînt règle ; nous serions débarrassés de ce cataclysme de raisonnemens, de supputations, de coups d'œil généraux sur les moindres choses de la politique, et dont le résultat inévitable est de conduire la jeune France à un radotage prématuré. Des faits, des faits; pour l'amour de Dieu, des faits.

En voici :

« Désirant témoigner quelque reconnaissance aux seigneurs anglais qui étaient venus offrir à

Charles X et à sa famille, leurs bons offices pendant leur séjour en Angleterre; Madame est allée visiter le château de Chustwarth, résidence du duc de Dewonshire, et celui de Kodelstare qui appartient à lord Scardale.

« Madame a été reçue par ces gentilshommes avec tous les égards que l'on peut attendre de l'aristocratie anglaise. A son retour elle a passé par Manchester et Birmingham. Elle a visité avec soin les manufactures de ces deux villes, elle a parcouru les ateliers, a questionné les maîtres, les ouvriers; enfin Madame a été ce que nous l'avons vue en France : toujours bonne, toujours prévenante, toujours attentive à tout ce qui pouvait flatter les personnes qu'elle interrogeait.

« Madame est sortie de ces manufactures comblée des bénédictions de ceux qui l'entouraient; et même des cris de *vive le roi, vive Madame*, ont été proférés par des bouches anglaises. »

Une autre lettre assure qu'à Warwick, la princesse fut dans l'enchantement du paysage. Les bois, les quinconces, les cascades, la coupure de l'horizon, la gradation des vertes montagnes étagées autour; et, plus que cela, la féodalité à la Walter-Scott de ces tourelles couronnées de mousse, de ce pont-levis, de ces machicoulis, de ces créneaux sous un manteau de lierre, l'émerveillèrent, lui ravivèrent les rémémorations de ses lectures favorites. Elle aurait désiré visiter ce donjon; mais le lord propriétaire disputait une élection dans son bourg; et la duchesse concevant la gravité de la chose, se garda bien de le faire déranger; elle refusa de visiter le manoir en l'absence de sa seigneurie.

Charles X va se ruiner en ports de lettres, en messages, en ambassades, en députations, car tous ces moyens de communication sont mis en usage. M. de Frénilly lui écrit du fond de l'Allemagne, le maréchal de Raguse de La Haye, le maréchal Bourmont de Cadix, M. Franchet de Weimar, M. de Montgrand de Chambéry, mille gens de Paris, d'autres de la Vendée; vraiment les secrétariats des princes ne sont pas des sinécures, MM. O'hergerty fils et de Montgascon ne savent où donner de la tête. Des armes à envoyer en Bretagne! des condoléances à adresser à M. Kergorlay, des réfutations à la *Quotidienne*, des propositions à M. de Châteaubriant! Tout n'est pas roses à Lulworth pour les secrétaires des commandemens!

On a enjoint aux fonctionnaires trop délicats de prêter serment, *quand même*. L'intention sanctifie tout; or, il faut qu'ils restent en place pour utiliser, le cas échéant, leur fidélité à l'auguste dynastie, à l'aide d'une petite restriction qui leur permette de jurer en toute sûreté de conscience! Ils prêtent serment à Philippe, mais comme au lieutenant-général du royaume, et en cela il n'y a pas de mal, Charles X le reconnaît pour tel: une restriction mentale raccommode tout cela. Les fonctionnaires gardent de la sorte leurs appointemens qui pourraient tomber en mains profanes, et la fine fleur de leur dévouement aux Bourbons. O saint Ignace de Loyola! que tes maximes sont bien pensées! que tes voies sont sages!

En attendant, l'amé et féal Bourmont joue en Catalogne le rôle du baron d'Erole; il organise lui aussi une armée de la Foi; M Despinois part pour la Vendée, où arrivent des fusils expédiés d'Angleterre. Quant à la capitale, il y a une régence dite de Lulworth à laquelle on donne pour chef M. de Castelbajac.

Les refugiés de Lulworth ont envoyé à Paris un projet de manifeste pour subir les corrections accadémiques dont les œuvres de cour ont toujours grand besoin. Dans ce manifeste, l'ex-roi renouvelle, dit-on, pour lui et pour son fils, une abdication formelle; mais il y revendique les droits de son petit-fils, et fait un appel à tous les amis de sa race pour les engager à subir les événemens, à garder leur position et leur foi, à prêter par force majeure les sermens exigés. On désigne les écrivains chargés de la refonte et de la publication de ce document.

Plusieurs personne de la suite de Charles X partent pour Paris. On assure qu'elles sont fort mécontentes, et qu'elles désespèrent de leur cause. Le duc de Guiche et M. Charlet devaient partir incessamment. Ce départ paraît être ajourné jusqu'après le jugement des ex-ministres. On croit que madame de Gontaut doit aussi prendre le paquebot pour la France.

On lit dans le *Sun*.

« Il s'est écoulé quelques jours où l'on a cru à l'enlèvement de Charles X ; mais à la sénérité de messieurs du gobelet, de la bouche et de l'antichambre épandus dans les environs de Lulworth comme des gens en vacances, il n'était pas possible de concevoir le moindre souci. Cependant nulle réception au château ; pas la moindre solennité, pas une ombre de decorum; point de voitures aux grilles, plus de duc de Norfolk, plus de lord Arundell. Qu'est-donc devenu Charles X? se disait-on de tous les côtés.

« Les gens explicatifs l'envoyaient en tournée dans le nord ; mais on savait de science certaine que la duchesse de Berry seule se passait l'envie de voir Manchester, Liverpool, Scheffiels, etc.

« On avait des bulletins de son itinéraire : C'étaient des vivats dans les usines. Les dames Toriys lui adressaient par-ci par-là des doléances avec des bouquets ; les journaux de ces villes industrielles chassaient les annonces, les mercuriales, pour enregistrer les réponses de la princesse ; et nulle mention du roi !

« On faisait des conjectures. Charles X avait été à Plymouth tendre la main à l'amé et féal Bourmont arrivé d'Alger cousu d'or; Charles X, suivant d'autres, tentait, lui aussi, un vingt-mars; il allait montrer le drapeau blanc et les lys aux littoraux carlistes de la France.

« Rien de tout cela. Nous avons su à la fin que le comte de Mesnard et la marquise de Bouillé, de la suite de madame de Berry, étaient Charles X et la Dauphine. A l'aide de ce trompe-l'œil, on s'était donné à cœur-joie des voyages. L'incognito leur avait réussi.

N'en déplaise au *Sun* et même au secrétaire de lord Arundell, Charles X ne se fixe pas à Wardour et dans aucun des donjons qu'il a visités incognito. C'est à Holyrood, dans la ville d'Edimbourg qu'il a établi sa résidence.

Le colonel Haitzinger avait piqué des deux vers Vienne, ayant hâte d'y retenir un logement pour les réfugiés de Lulworth. Il vient d'arriver avec le contrat de loyer du château de Klagenfurth. — C'est bien temps, vraiment! — J'ai pris par le plus court, et je demande pardon à votre Majesté si je lui objecte qu'il est impossible d'y mettre plus de célérité. — N'importe : je me déplairais avec le fils de l'Usurpateur. — Lequel? — Le premier. Il doit épouser la fille du second usurpateur. O François, François! ce n'est point là ce que j'attendais d'un signataire du traité de Paris! — Fiction que ce mariage. — Tout Paris en est en émoi, à ce que l'on m'assure. Que dites-vous de ce peuple libéral avec son Napoléonisme forcené? Croirez-vous à présent au sens commun dans les masses? Les théâtres regorgent de spectateurs depuis que Napoléon y donne ses audiences; et à la barbe de la liberté, en dépit des souvenirs tout récens du despotisme impérial, jamais frénésie pareille à celle qui s'est emparée de tous les Parisiens. Celui-là, ne cessent-ils de répéter, savait gouverner. Oui, mes cher Français, il savait gouverner, il vous avait solidement cadenassés, j'ai eu le tort de ne pas vous gouverner à sa manière. *Amen.*

— Il le paraît, le Français n'aime pas les demi-libertés; ou point ou toutes.

— Laissons notre très-cher Philippe d'Orléans résoudre le problème; et en attendant, nous allons faire notre whist à Holyrood. »

Extrait de l'*Hampshire chronicle*. « L'ex-roi a quitté, samedi dernier, le château de Lulworth. M. le comte de Ponthieu est parti pour Poole, où il s'embarque pour Edimbourg, à bord du bâtiment à vapeur. Le duc et la duchesse d'Angoulême font le voyage à pied, et incognito.

« La duchesse de Berry, accompagnée du marquis de Bouillé et du comte de Mesnard, a passé samedi soir par Winchester, se rendant à Londres, pour aller trouver le comte Ludorf, ambassadeur de Naples, avec lequel elle restera quelques jours; ensuite elle reviendra à son château de prédilection, si on ne la décide pas à passer l'hiver à Holyrood.

« Ce voyage long et fatigant que vont faire M. le comte et Mme la comtesse de Marnes, à pied, à travers toute l'Angleterre, est la suite d'un vœu à Notre-Dame-de-Mont-Carmel. Ce pèlerinage a été conseillé par le prince de Hohenlohe, le thaumaturge, qui, après avoir communiqué avec le Seigneur, par la célébration de trois messes, a prédit que le rétablissement du trône de saint Louis, en faveur de Henri Dieudonné, en serait l'immanquable résultat. »

Autre extrait :

« La duchesse de Berry est à Londres depuis avant-hier. S. A. demeure chez l'ambassadeur de Naples. Elle est allée hier au musée britannique et à la tour de Londres. Le prince Esterhazy et le comte Ludolf l'accompagnaient dans une voiture aux armes de France, dont les domestiques portaient les cocardes napolitaines. Le duc de Devonshire a offert à la fille du roi de Naples son hôtel de Piccadilly, mais ses offres n'ont pas été acceptées.

« MM. Lloyd et Drummond, anciens créanciers du comte d'Artois pour une somme de 30,000 liv. sterl., ont, dit-on, fait demander à cette ex-majesté le paiement de cette dette. Charles-Dix a, dit-on, répondu que sa personne étant inviolable, ses créanciers devraient bien se dispenser de le poursuivre, et que les frais seraient à leur charge. Cependant, il paraît que MM. Lloyd et Drummond font des démarches pour contraindre l'ex-roi de France à acquitter ses dettes. »

Walter Scott, qui aime beaucoup la féodalité, et par conséquent ceux d'entre les rois qui n'auraient pas mieux demandé que d'y faire rétrograder, est toujours l'homme d'Édimbourg chargé de leur faire les honneurs de l'Athène du nord. Il n'y manqûa pas lors de la tournée de Georges IV en Ecosse; les amateurs de petitesses honorifiques se rappellent avec admiration le gobelet brisé par le romancier, après que Sa Majesté Britanique eut bu dedans, action symbolique qui témoignait de l'indignité de toutes lèvres mortelles d'y toucher après des lèvres si augustes.

Quant à ce qui compète Charles X, le chantre de Louis XI a publié dans le *Caledonian Mercury*, un programme de tous les sentimens que les Édimbourgeois devaient ressentir à l'arrivée de leur hôte; d'abord le respect, ensuite l'intérêt, puis l'amour, puis la considération, puis le dévouement, etc.

Voici ce qui en est arrivé, au dire de *l'Edimburgh courant* :

» Le 20 octobre, à 3 heures de l'après midi, Charles X, accompagné du duc de Bordeaux, est arrivé de Pool, dans la rade de Leith, sur un paquebot à vapeur de l'amirauté. Le cortége royal débarqua vers 4 heures, et prit, dans une voiture attelée à deux chevaux, la route du palais d'Holyrood. Charles X avait tout l'extérieur d'un particulier; et comme il n'était nullement attendu, peu de spectateurs assistèrent à son débarquement. Il fut reçu avec respect, et le petit nombre de personnes présentes mirent à se découvrir sur son passage une attention qu'il reconnut en les saluant. Il semblait avoir le sentiment de sa positon actuelle, et l'émotion qu'il paraissait manifestement éprouver se communiqua bientôt à tous les assistans. Le roi portait une grande redingote brune, boutonnée jusqu'au menton.

« Le duc de Bordeaux est un enfant intéressant; il portait une veste bleue, à la *hessoise*, avec une casquette sur la tête. Il sauta d'abord sur le rivage avec une agilité enfantine. Au moment de l'arrivée du paquebot, la marée n'était encore montée qu'à moitié, et il fallut jeter l'ancre à un mille de la jetée. Les domestiques et les gens de la maison de Charles X débarquèrent aussitôt que possible. Mais avant ce débarquement, un gentilhomme français arriva de terre dans le but d'annoncer, sans doute, que tout était prêt pour la réception. Un incident singulier se présenta au moment où Charles X s'avança le long de la jetée vers la voiture qui l'attendait; une vieille marchande de poisson fendit la foule, et saisissant la main du roi, dans l'instant où il montait en voiture, elle la lui secoua cordialement : « Sire, dit-elle, je suis heureuse de vous » voir au milieu de braves gens. » Le roi reçut avec affabilité cette brusque politesse, et lui demanda son nom : « Je m'apelle Jenny Ramsay, « répondit-elle ; il y a trente ans que je vous ven- « dais de bon poisson, et j'ai eu de vous beau- « coup de schellings. »

« Le cortége royal arriva au palais d'Holyrood vers 4 heures 1/2. L'ex-roi, le duc de Bordeaux et deux gentilshommes étaient dans la voiture. En mettant le pied à terre devant la principale entrée, Charles X se dirigea sur-le-champ vers l'appartement royal ; il rencontra plusieurs gentilshommes auxquels il serra la main : il paraissait être en bonne santé, de bonne humeur, et marchait d'un pas ferme. La garde du palais ne sortit pas à l'arrivée du cortége royal, et ne lui rendit pas les honneurs militaires. Là, comme à Newhaven, il y avait peu de spectateurs, et tous observèrent un respectueux silence. Au moment où le roi traversait les galeries, quelques-uns de ceux qui s'y trouvaient lui témoignèrent plus particulièrement leur respect en se découvrant sur son passage. Nous apprenons que Charles X occupera, dans les appartemens royaux, la partie qu'habitait le comte de Strathmore ; les personnes qui composent sa suite occuperont la portion du palais qui est à l'est.

« On assure que la régence, à peine installée à Holyrood, n'a eu rien de plus pressé que de diplomatiser comme par le passé ; mais les cabinets craignent l'explosion républicaine en France, si l'on y porte la guerre. Ils ne sont pas trop mécontens de Philippe, qui n'accorde pas trop à l'esprit libéral; il a même fait preuve de sens en maintenant le ministère doctrinaire jusqu'à l'obtention des reconnaissances des quatre grandes puissances du nord. Une fois arrivées, et l'hiver menaçant d'être agité avec nombre d'ouvriers nécessairement sans travail, il a constitué un ministère un peu plus libéral, pour ne pas donner prise au mécontentement, et ôter tout prétexte hostile à la misère des basses classes. Le ministère pourrait être tout républicain, si au commencement de l'été prochain il y avait des menaces de guerre; alors il faudrait rafraîchir les souvenirs de Valmy, de Jemmapes, il faudrait retremper l'énergie, il faudrait enfin allumer le volcan du républicanisme; et il parait que les rois y regarderont à deux fois avant de prendre les armes. Charles X court risque de finir sa vie à Holyrood. »

POST-FACE.

> O Muses! qu'on invoque toujours au commencement de son ouvrage, je ne vous implore qu'à la fin. C'est en vain qu'on me reproche de dire grâces sans avoir dit *benedicite*, Muses! vous n'en serez pas moins mes protectrices.
>
> (Voltaire. *La princesse de Babylone*).

Il faudrait être perruque, rococo et archi-rococo, que de s'en référer encore aux Muses pour l'article inspiration ; je ne ferai pas cet affront au XIXe siècle, pour qui personne n'a plus que moi une vénération profonde.

Mais comme force gens, remplis aussi de beaucoup d'estime pour lui, à ce qu'ils disent, après l'avoir endoctriné dans leurs journaux douze colonnes durant, lui recommandent à la fin dans les colonnes payantes ou payées, l'orviétan du directeur de la *Revue de Paris* (le Paraguay-roux) et l'eau-phénomène de madame Ma, moi, très-humble adepte du grand sacerdoce du journalisme, me confiant en de si augustes exemples, je me permettrai de lui recommander en finissant, un petit spécifique dont ledit siècle a un pressant besoin.

C'est un remède souverain contre la crédulité, la bonhomie, le jobardisme, l'engouement qui travaillent notre époque, et la mènent de désappointemens en désappointemens, ce qui doit finir par le découragement et l'insensibilité à tous les miracles de nos jours.

Exemples :

Beaucoup de gens payés, achetés, décorés, anoblis, subventionnés, pensionnés largement par l'empire, et qui, alors, se mettaient fort peu en peine du peuple que le dieu Mars avait doté de l'impôt sur les boissons, de l'esclavage de la presse, des brevets d'imprimerie et autres de mille espèces, et d'une multitude de geoles administratives ; beaucoup de ces gens, dis-je, perdirent sous le coup de la restauration leurs clés de chambellans et leurs ciseaux de censeurs, etc. De là leurs gémissemens, leurs cris. La patrie est perdue ! que sais-je! Ils se donnèrent au peuple pour des martyrs de sa cause, pour des victimes épris pour la liberté de l'amour le plus pur. On les crut. La grande semaine, enfin, leur a ouvert la brèche, ils sont montés au pouvoir. Pour des libertés, votre serviteur. Intronisés de rechef dans les préfectures, les directions, inspections, les porte-feuilles, les voilà cédant tout doucement à leurs habitudes impériales, nous cadenassant proprement les poucettes de la légalité de jadis. Grand mécompte.

Le grand Charles X, tout bouffi d'orgueil de s'être vu, dans les stipulations signées à la Casauba, qualifié de *Charles le victorieux*, en style bédouin, avait soufflé sur les 221 *et les avait renvoyés comme poussière dans les départemens* (style de la *Quotidienne*). La France électorale crut à leurs protestations de libéralime, de désintéressement; elle les réexpédia en chaise de poste pour Paris.

L'ère de promission commence. Les 221 sont de retour *redeunt Saturnia regna*. Ouvrez de grands yeux aux actes de désintéressement : ils ont accaparé préfectures, sous-préfectures, parquets, bureaux de tabac, bureaux de loterie, bureaux de timbre pour leurs fils, gendres, oncles, neveux, petits-neveux, arrière-petits cousins, d'eux, de leurs femmes, de leurs maîtresses, en répondant à la France : Nous vous avons sauvée; pourquoi ne nous octroierions-nous pas vos subsides? autre mécompte!

Par ces exemples pris entre mille, je n'ai dessein que de faire sentir l'incommensurable service que je rends au pays avec la recette de mon spécifique.

Elixir précieux et indispensable! Prenez :

Deux bonnes onces de civisme ;

Une demi-livre d'incrédulité en matières politique, de religion et de littérature ;

Deux gros d'insensibilité au martyrisme des poètes destitués de leurs places de bibliothécaires, de lecteurs du roi, des professeurs privés de leurs chaires, des ministres mis à la porte, des fonctionnaires biffés, tous gens étalant leurs stygmates dans les journaux, comme Pisistrate sur l'Agora ;

Trois onces de jugement, mais de celui que l'on n'achète pas dans les bureaux du *Constitutionel et des Débats,* qui se chargent, moyennant quatre-vingts francs par an, de défrayer toute la France de judiciaire, d'idées, etc ;

Six grains de franc-parler ;

Quatre onces de méfiance contre les recommandations, les éloges de camaraderie en poésie, en romans de mœurs, en civisme, etc, etc, etc, etc, etc, etc, etc, etc. :

Concassez le tout, faites le bouillir une heure sur un feu ardent de patriotisme, passez au clair, et prenez-en une bonne dose chaque matin avant de sortir.

Effets de ce miraculeux élixir :

Il dégage le cerveau de nuages, dilate les fibres, rend la perception des objets si nette que l'on n'est plus exposé à confondre M. de Jouy avec un libéral, M. Scribe avec un dramatiste désintéressé, M. Casimir Delavigne avec Molière, M. Jules Janin avec un homme instruit.

Item, il vous préserve des engouemens du monde littéraire. Ainsi, par exemple, vous n'êtes pas homme à vous jeter sur un nom comme sur l'étiquette d'un trésor; et bien plus, il donne assez de lucidité au jugement pour vous faire voir, par exemple, dans le succès de Marino Faliéro à la *porte Saint-Martin*, un tripotage, un arrangement de spéculation, le résultat du dessein de donner de l'éveil à la curiosité publique par de l'étrangeté, étrangeté sans laquelle *Marino Faliéro* se serait traîné maladif quinze jours durant au théâtre Français, comme sa sœur *Aurélie*.

Grâces à un fréquent usage de cette admirable décoction, j'ai toujours vu avec assez d'indifférence la Charte de Louis XVIII et celle de Philippe Ier; quand les gens qui ne font pas usage de ma mixtion se récrient d'admiration, qu'ils se laissent éblouir d'un espoir de meilleur avenir, je n'y vois pas moins que des morceaux de papier qui soumettent 30 millions de régnicoles à 80 mille imposés à cent écus, et subordonnent les prolétaires à une noblesse d'argent, position si intolérable, que dans les républiques anciennes elle amena ces sanglantes divisions qui, sous Camille, Marius et Sylla, mirent l'état à deux doigts de sa perte, et l'enchaînèrent sous les triumvirats.

Revenons à mes potions quotidiennes. Le Palais-Royal est pour moi diaphane, au point que Philippe Ier ne m'y semble autre chose que le chef de la garde nationale, seconde édition de la garde impériale, de la garde prétorienne, des Strélitz. Laissez faire, laissez maintenir l'ordre légal, prétendu héritage de l'empire; et les franchises du peuple, la liberté de la parole, les réclamations d'ouvriers, seront sacrifiées aux fabricans de chapeaux de paille et autres.

De grâce, Philippe! point de prédilection pour la fabrique ou la banque; songez aux prolétaires; ils se sont battus d'un si bon cœur, ils se sont montrés si modérés, si sages, que vraiment c'est crime que la déception. Point de favoritisme pour ces messieurs rosés qui, *les mains aux oreilles, se tenaient accroupis derrière un rideau*. Ne copiez pas surtout Napoléon à son débotté ; et parce qu'il a dit de Corneille : « S'il était vivant, je le ferais prince, » n'allez pas vous prendre de la belle passion de porter Casimir Delavigne à la pairie.

Non que le génie ne vaille une généalogie, non que le poète, le savant ne puissent se draper du manteau pairial tout aussi convenablement qu'une illustration de l'armée, etc. Impartial, enthousiaste des supériorités intellectuelles, avec la meilleure volonté du monde j'ai toujours cherché vainement, dans les ouvrages de M. Delavigne, un titre à cette louangerie de journaux. Malheureusement, à la honte de cette ère d'indépendance théorique, quatre ou cinq journaux mènent l'opinion ; je les ai lus, ses ouvrages, avec la plus grande disposition à y trouver cette transcendance de génie qui tout de suite vous met un Byron, un Lamartine, un Châteaubriant à part.

Ni fonds d'instruction, ni poésie empyrée, ni connaissance des temps, des lieux, des mœurs, des caractères nationaux, rien de cela ne marque fortement ses pièces, ne subjugue, ne gagne, n'entraîne son lecteur. Une petite tartuferie de libéralisme ; beaucoup de soins à se faire passer pour un martyr, comme s'il avait donné quelques gages à cette cause à laquelle il veût à toute force qu'on le croie immolé. Un Fernandez de Moratin, un Cienfuégos, un Martinez de la Rosa, se sont sacrifiés à la liberté de la péninsule, parce que le poète est poète dans ses actions, comme dans ses paroles, et partout et à son insu; il n'attend pas d'avoir fermé la porte de son cabinet, d'avoir taillé sa plume. Les expéditions de M. Casimir Delavigne sont d'avoir fait savoir dans tous les bureaux de journaux camarades, qu'il était un poète fortement constitué en libéralisme.

Et comme l'Europe se laisse entraîner par le mouvement admiratif de la France, que celui-ci dépend de Paris, et que l'opinion, à Paris, est à la disposition d'une quinzaine de journalistes, une certaine camaraderie bien placée a suffi à notre Tirtée glacial.

Il fit d'abord des *Messeniennes*. Je connais vingt poètes de province auteurs d'aussi bons vers. Mais la centralisation de Paris? Nimporte, dans ces Messeniennes, on voulut voir autant de dévouement que de flamme poétique. Mais dans un siècle ou le vrai souverain en littérature c'est le public, quel grand sacrifice à chanter pour le peuple contre la cour! aussi M. Casimir Delavigne a-t-il toujours coulé des jours sans nuages, sans craindre la bastille de Voltaire, ni l'exil de J. B. Rousseau.

Et ses pièces de théâtre? un peu de lecture, un peu d'entente, des mœurs, des coutumes chevaleresques, du caractère italien au moyen âge, auraient préservé ses *Vêpres Siciliennes* de mille contre sens. Les colonnes du *Constitutionel* versifiées et déclamées par Procida, le libéralisme raisonneur du XIXe siècle dans le XIIIe, dans ce XIIIe siècle de mouvement, d'action, de chevalerie!

Puis M. Delavigne alla dans l'Inde. Des métaphores pour de l'orientalisme, des fadaises pour des sentimens d'Hindous, de la philanthropie du jour, de la philosophie du siècle passé; tout cela entassé, rimé, hémistiché, limé, et voilà de l'hinduïsme. Mais ne pouvait-il pas faire venir d'Angleterre quelque traduction d'un drame de Calidâsa ou de Djava-Deva, un exemplaire de *Sacontala* pour voir agir, parler l'Indostan, et ne pas s'exposer à prendre des *banians* pour des *bananiers* et autres choses qui sentent toujours son homme instruit?

L'Ecole des vieillards est sans contredit un chef-d'œuvre; et comme il n'a point d'instruction, je lui conseillerais de s'en tenir à la comédie qui ne demande pas des connaissances historiques. Mais la dégoûtante camaraderie de M. Etienne et autres, assimila bientôt M. Delavigne à Moliere. Passons cela à la tendresse fraternelle, à M. Germain Delavigne qui avait, lors de l'appariton des *Vêpres Siciliennes*, comparé son frère à Voltaire, dans ce couplet chanté au Vaudeville :

Oui, d'après ce début prospère
Du Théâtre-Français on doit être l'appui,
Quand on a l'âge de Voltaire,
Et qu'on commence comme lui.

Poëte au dessus de la médiocrité, M. Delavigne justifie-t-il toutes ces ovations, tout cet empressement? dans des jours de libre critique il eut été mis à sa place. Hélas! je vous lai dit : nous avons été jusqu'à présent au pouvoir d'une quinzaine de dictateurs de l'opinion. Il fut un temps, où parce que l'auteur se disait libéral, ce n'aurait pas été un plus grand crime de toucher à un article de la Charte qu'à un de ses vers. Les appellations de mauvais français auraient fait justice du sacrilége. Une aurore de liberté moins illusoire se lève; peut-être ne demeurerons-nous plus sous le bon plaisir de Messieurs tel et tel.

Et vraiment je ne cesse de me demander comment-il se peut que ce poëte ne fasse pas mieux.

Sil a un drame sur le métier, des ambassades dramatiques viennent faire antichambre et solliciter la permission de soumissionner ; si son valet de chambre jette par la fenêtre les balayures, les directeurs des journaux littéraires viennent s'agenouiller sur ces balayures, et que d'aventure il s'y trouve un brimborion de papier écrit : bonne nouvelle! crient-ils, bonne, bonne nouvelle ! et ils insérent cela avec la signature auguste en gros romain.

Ce n'est pas si difficile de pindariser a perte de vue, de dramatiser vivement, quand, dans le feu de la composition, on n'est pas tout à coup glacé par un avenir de longues démarches auprès des directeurs, des libraires ; l'imagination contente n'en doit que mieux produire ; c'est une bien brillante muse que cette satisfaction ! Mais un génie départemental qui prend la plume à Lyon ou à Tours, que de déceptious, de difficultés n'a-t-il pas devant lui ! que de dégoûts, de déplacemens ! où sont ses accointances dans les journaux ? est-il le dieu d'un théâtre ? a-t-il des amitiés établies parmi les commissaires royaux, parmi les notabilités de coulisses ? rien de tout cela : pauvre génie ! et comment voulez-vous qu'il se livre avec délectation aux inspirations divines ?

Et c'est ce siècle qui parle tant de liberté, de franchises, d'égalité, d'accessibilité pour chacun? c'est ce siècle qui ne veut pas des priviléges? vous le voyez : tous les dégoûts, les déboires sont pour les uns; et, à mérite égal, un autre recueille sans se déranger la gloire des triomphes. Nous avons nos Parias en France.

Il y a un an, il fut lancé dans le monde littéraire, comme ballon d'essai, quelques poésies intitulées *Nautiques*. Aux frais tableaux de l'Inde, au coloris, aux traces d'inspiration locale, il était visible que ce n'était point là de l'orientalisme fait à Paris. Il s'y trouvait en outre plus de feu, d'imagination, de poésie, de cette poésie qui ne s'apprend qu'au livre de la nature, que dans toutes les *Messeniennes*; l'auteur est encore à la recherche d'un éditeur probablement. Princes, vous voulez, dites vous, protéger les lettres? faites mettre à la recherche de ce poète du nom de Gozlan, s'il m'en souvient bien. Ce n'est pas quand un homme est comblé de gloire, de biens, de richesses, de places, qu'il faut l'accabler de tout cela; éparpillez mieux vos faveurs; tel qui va par delà les mers s'empreindre de la poésie des choses, ne peut pas se faire des amis de salons, travailler sa célébrité, comme nos versificateurs sédentaires et faux.

J'ai été à même de voir vingt-cinq pièces de vers envoyées à la *Revue de Paris*, au *Voleur*, etc., qui laissaient de bien loin la *Parisienne* et la *Semaine de Paris*; mais comme tous le monde libéral ne veut pas de priviléges, et qu'au mérite seul sont la gloire et l'honneur, les froides productions de M. Delavigne ont eu la préférence. Ce n'est pas assez; on veut l'accabler de la pairie; il est favori, c'est tout dire... Ce qui ne doit pas nous empêcher de poursuivre l'énumération des vertus de notre miraculeux antidote.

Avec ce préservatif on voit très-clair dans les clubs, dans la société des amis du peuple, dans la société constitutionnelle; sous le masque sacré du républicanisme, que d'ambitions qui visent aux ministères, à toutes les dignités les plus féodales! que de prétendus patriotes nourris de l'axiome : *ôte-toi de là que je m'y mette*, et qui tout en pérorant pour le bien national, ne veulent qu'étendre la main sur l'argent des contribuables! Non qu'il ne s'y trouve de vraies vertus romaines, des élans d'âmes pures et vierges; le président surtout, le citoyen Hébert m'a donné foi au patriotisme. Oui, à sa suite je suis républicain; et si la société des amis du peuple a un jour besoin d'un adhérent dévoué, je déclare d'avance que je ne veux exercer que des fonctions non-salariées.

Quant aux bureaux du journalisme, ils sont d'une transparence de gaze, quand je viens de me reconforter d'un bon doigt de mon élixir. Le *National*, les *Débats*, ne m'ont jamais paru avant la révolution, que des jésuitières en habits marons, en redingote bleue. Le peuple, on l'y prêchait avec chaleur, avec droiture, c'est vrai; mais toutes ces rédactions ferraillaient pour le compte de certains patronages; *prenez mon ours!* cependant les libéraux s'extasiaient. Bonnes gens! fasse le ciel qu'on prenne leurs ours, et vous m'en direz des nouvelles. Ainsi l'on a fait : MM. de Broglie, Guizot, Dupin, ont accroché des ministères, M. Bertin de Vaux une ambassade. Les voilà satisfaits ces violens libéraux; allons donc avec votre bien public. Vous voyez dans ces journaux la crême du patriotisme; pas de pareilles lubies avec mon spécifique, mais aussi pas de désenchantement. Pour moi, savez-vous ce que j'y ai toujours découvert? des gens qui couchent en joue le pouvoir avec ces mots : *Un portefeuille ou la vie.*

Si vous allez au théâtre, n'oubliez pas de prendre un petit verre de mon antidote, sans cela votre sensorium serait assiégé de pensées qui pourraient s'échapper en ces mots :

« Le voilà ce peuple vaillant, magnanime! il se faisait sabrer, fusiller à la Grève, au Louvre, au cri de *Vive la liberté*, et le voilà bondissant de joie à l'aspect de Napoléon, de son plus terrible ennemi, de celui qui le mitrailla au 13 vendémiaire. Il se débat sous un ordre légal tout en monopole, sous un code rédigé dans l'intérêt du pouvoir, et ces monopoles, cette légalité sont l'ouvrage de ce Napoléon dont la résurrection dramatique provoque des vociférations si allègres! Peuple, en fait de despotismes, tu ne veux que de celui qui fait de toi de *la chair à canon*! »

Prenez, prenez, vous dis-je, de mon élixir, vos idées seront plus claires, votre perception plus profonde, vos vues plongeront mieux dans les masses. Voici ce que vous verrez :

Des prolétaires qui font encore de l'opposition aux Bourbons en accueillant la fantasmagorie de Bonaparte, qui se laissent entraîner par une grande célébrité. Mais ce qui peut bien faire augurer de la liberté à venir, c'est que Bonaparte restera toujours à leurs yeux un point désespérant de comparaison. Qu'il s'élève un usurpateur : ce sera pitié de toutes parts de le voir jouer au Napoléon, et le peuple en fera justice à coups de fouet.

Cela ne vous empêchera pas cependant de considérer avec quelque serrement de cœur, combien il y a encore de monarchisme dans nos mœurs nationales, et peu de sincérité profonde dans les cris de liberté. Heureusement les disproportions de Bonaparte écraseront ses imitateurs à venir.

FIN.

Imprimerie de Poussin.

www.ingramcontent.com/pod-product-compliance
Ingram Content Group UK Ltd.
Pitfield, Milton Keynes, MK11 3LW, UK
UKHW031934260826
14628UKWH00004B/1624

9 782019 925109